Posso *Saber* se *sou* Salvo?

QUESTÕES CRUCIAIS
No. 7

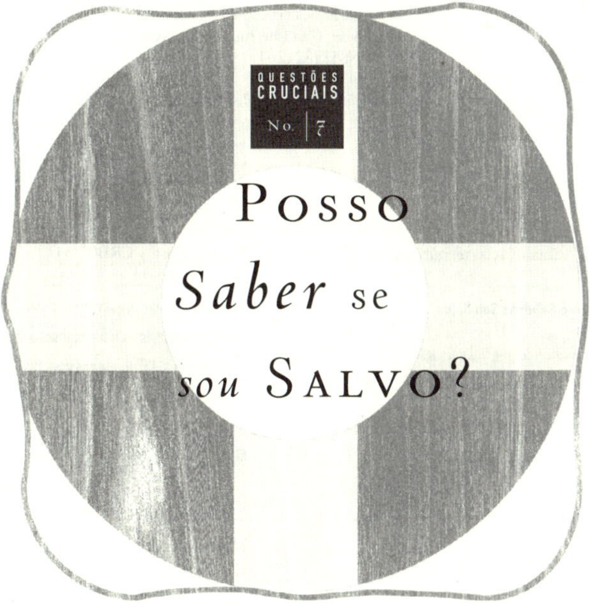

Posso *Saber* se sou Salvo?

R.C. SPROUL

S771p Sproul, R. C. (Robert Charles), 1939-2017
Posso saber se sou salvo? / R. C. Sproul ; [tradução: Francisco Wellington Ferreira]. – 1. reimpr. – São José dos Campos, SP: Fiel, 2018.

82 p. – (Questões cruciais; n. 7)
Tradução de: Can I be sure I am saved?
ISBN 9788581321264

1. Salvação (Teologia). I. Título. II. Série.

CDD: 234

Catalogação na publicação: Mariana C. de Melo Pedrosa – CRB07/6477

Posso Saber se Sou Salvo

Traduzido do original em inglês
Can I Be Sure I am Saved?, por R. C. Sproul

Copyright © 1983, 1999, 2009 by R. C. Sproul

■

Publicado por Reformation Trust Publishing
a division of Ligonier Ministries
400 Technology Park, Lake Mary, FL 32746

■

Copyright©2011 Editora FIEL.
1ª Edição em Português 2013
Todos os direitos em língua portuguesa reservados por Editora Fiel da Missão Evangélica Literária

Proibida a reprodução deste livro por quaisquer meios, sem a permissão escrita dos editores, salvo em breves citações, com indicação da fonte.

■

Diretor: Tiago J. Santos Filho
Editor: Tiago J. Santos Filho
Tradução: Francisco Wellington Ferreira
Revisão: Elaine Regina O. Santos
Diagramação: Rubner Durais
Capa: Gearbox Studios

ISBN impresso: 978-85-8132-126-4
ISBN e-book: 978-85-8132-252-0

Caixa Postal 1601
CEP: 12230-971
São José dos Campos, SP
PABX: (12) 3919-9999
www.editorafiel.com.br

Sumário

Um – A Luta por Segurança 7

Dois – Quatro Tipos de Pessoas 25

Três – A Falsa Segurança 39

Quatro – Obtendo a Verdadeira Segurança 53

Cinco – A Fonte da Plena Segurança 69

Capítulo Um

A Luta
por Segurança

Há uma passagem no Novo Testamento que creio ser uma das mais amedrontadoras em toda a Bíblia. Procede dos lábios de Jesus no final do Sermão do Monte.

Tendemos a pensar no Sermão do Monte como uma proclamação positiva feita por nosso Senhor. Afinal de contas, foi no Sermão do Monte que ele proferiu as bem-aventuranças: "Bem-aventurados os humildes de espírito... Bem-aventurados os que choram... Bem-aventurados os mansos..." e assim por diante (Mt 5:3-12). Por causa do

Sermão do Monte, Jesus tem uma reputação de pregador que enfatiza o positivo e não o negativo.

No entanto, ignoramos frequentemente o clímax deste sermão, no qual Jesus diz:

> Nem todo o que me diz: Senhor, Senhor! entrará no reino dos céus, mas aquele que faz a vontade de meu Pai, que está nos céus. Muitos, naquele dia, hão de dizer-me: Senhor, Senhor! Porventura, não temos nós profetizado em teu nome, e em teu nome não expelimos demônios, e em teu nome não fizemos muitos milagres? Então, lhes direi explicitamente: nunca vos conheci. Apartai-vos de mim, os que praticais a iniquidade (Mt 7.21-23).

Nestas palavras, Jesus nos dá uma visão antecipada do julgamento final. Ele diz que pessoas se dirigirão a ele chamando-o pelo título de "Senhor". Dirão a Jesus: "Senhor, fizemos coisas maravilhosas em teu nome. Nós te servimos, pregamos em teu nome, expelimos demônios; fizemos todas estas coisas". Jesus diz: "Eu me voltarei para essas pessoas e direi: apartai-vos de mim". Ele não dirá apenas: "Eu não vos conheço", e sim: "Eu nunca vos conheci. Apartai-vos de mim, os que praticais a iniquidade".

O que é especialmente inquietante nesta terrível advertência é o fato de que Jesus começa dizendo: "Nem todo o que me diz: Senhor, Senhor! entrará no reino dos céus". Depois, ele repete isso, dizendo: "Naquele dia, hão de dizer-me: Senhor, Senhor!"

"SENHOR, SENHOR!"

Há somente quinze ocorrências, em toda a Escritura, em que alguém é tratado pela repetição de seu nome. Mencionarei algumas:

• No monte Moriá, Abraão estava prestes a fincar o cutelo no peito de seu filho, Isaque, mas Deus interveio no último segundo, falando-lhe por meio do anjo do Senhor: "Abraão! Abraão!... Não estendas a mão sobre o rapaz" (Gn 22:11-12).

• Jacó estava com medo de descer ao Egito, e Deus veio para renovar-lhe a confiança, dizendo: "Jacó! Jacó!" (Gn 46.2).

• No monte Horebe, da sarça ardente Deus falou a Moisés, dizendo: "Moisés! Moisés!" (Êx 3.4).

• Deus chamou o jovem Samuel no meio da noite, dizendo: "Samuel, Samuel!" (1 Sm 3:10).

- Jesus, quando repreendeu Marta, em Betânia, lhe disse: "Marta! Marta!" (Lc 10.41).
- Jesus lamentou pela cidade de Jerusalém e clamou: "Jerusalém, Jerusalém, que matas os profetas e apedrejas os que te foram enviados! Quantas vezes quis eu reunir teus filhos como a galinha ajunta os do seu próprio ninho debaixo das asas, e vós não o quisestes!" (Lc 13.34).
- Pedro disse que seria forte em todas as circunstâncias, e Jesus replicou: "Simão, Simão, eis que Satanás vos reclamou para vos peneirar como trigo!" (Lc 22.31).
- Jesus confrontou Saulo na estrada para Damasco, dizendo: "Saulo, Saulo, por que me persegues?" (At 9.4).
- Talvez o exemplo mais comovente desta repetição nas Escrituras seja o clamor de Jesus, na cruz: "Deus meu, Deus meu, por que me desamparaste?" (Mt 27.46).

Esta estrutura gramatical rara tem importância na língua hebraica. Quando alguém repete esta forma de tratamento pessoal, ela sugere e transmite a ideia de um relacionamento pessoal com aquele a quem se está dirigindo.

Portanto, Jesus diz nesta passagem do Sermão do Monte que, no último dia, as pessoas não somente se chegarão a ele e dirão: "Senhor, pertencemos a ti, somos teus", mas também se dirigirão a ele em termos de intimidade pessoal. Elas dirão: "Senhor, Senhor" como se o conhecessem de maneira profunda e pessoal. Mas, apesar desta suposição de um relacionamento íntimo, Jesus lhes dirá: "Apartai-vos de mim, os que praticais a iniquidade".

Jesus está dizendo que há muitas pessoas que professam ser cristãos, que usam o nome de Cristo e o chamam por seu elevado título de "Senhor", mas não estão realmente no reino de Deus. Não pertencem a ele e não serão capazes de subsistir no julgamento final. O aspecto apavorante disto é que estas pessoas não estão à margem da igreja. Pelo contrário, elas estão imergidas na vida da igreja, envolvidas intensamente no ministério e, talvez, tenham a reputação de serem cristãos professos. Mas Jesus não as conhece e as banirá de sua presença.

Apresento este fato no início deste livro porque, quando fazemos uma profissão de fé como cristãos, temos de fazer a nós mesmos esta pergunta: como *sabemos* que não estaremos neste grupo de pessoas no julgamento final, esperando entrada no reino e dirigindo-nos a Jesus com termos íntimos, somente para sermos lançados fora? Como sabemos que a nossa confiança de que vivemos num estado de graça não descansa na coisa errada? Como sabemos que não temos enganado a nós mesmos? Como podemos ter certeza de que somos salvos?

UMA DOUTRINA CONTROVERSA

Durante séculos, a questão da segurança de salvação tem despertado controvérsia na igreja. Muitas igrejas têm chegado ao ponto de questionar se esta segurança é realmente atingível.

Por exemplo, no Concílio de Trento, no século XVI, a Igreja Católica Romana negou que seja possível alguém ter segurança de salvação, exceto em circunstâncias raras. Roma foi além e ensinou que as únicas pessoas que podem atingir a segurança de salvação nesta vida são aqueles santos excepcionais a quem Deus outorga uma revelação especial quanto ao seu status diante dele. Entretanto, o membro normal da igreja não pode esperar ter certeza de salvação.

Roma afirma que, em última análise, a maioria das "seguranças" se baseiam em conjectura, opinião e ideias que procedem do coração de pessoas que a Bíblia define como profundamente alicerçadas em engano. As Escrituras nos dizem que o coração é enganoso, mais do que todas as coisas (Jr 17.9); portanto, é fácil, diz Roma, enganarmos a nós mesmos e depositarmos em mera opinião a nossa confiança quanto ao estado de nossa alma. Consequentemente, a segurança de salvação não é possível sem algum ato especial de revelação.

Não é somente a Igreja Católica Romana que nega a doutrina da segurança de salvação. Alguns protestantes creem que uma pessoa pode ter segurança de salvação hoje, mas não amanhã, porque aceitam a possibilidade de que uma pessoa que tem fé num momento possa cair em infidelidade e perder a sua salvação. Essa é a razão por que, historicamente, a doutrina da segurança de salvação tem estado intimamente ligada à doutrina da perseverança dos santos. Assim, enquanto Roma diz que não podemos realmente ter segurança de salvação, estes protestantes dizem que podemos ter segurança de salvação por um tempo limitado, mas não podemos saber qual será o nosso último estado.

Depois, há a teologia reformada, minha própria persuasão teológica. Essa teologia ensina não somente que podemos saber hoje que estamos num estado de graça, mas também que podemos ter plena segurança de que estaremos nesse mesmo estado no tempo de nossa morte.

A PARÁBOLA DO SEMEADOR

Jesus trata do assunto de quem é e de quem não é genuinamente salvo em sua parábola do semeador:

Naquele mesmo dia, saindo Jesus de casa, assentou-se à beira-mar; e grandes multidões se reuniram perto dele, de modo que entrou num barco e se assentou; e toda a multidão estava em pé na praia. E de muitas coisas lhes falou por parábolas e dizia: Eis que o semeador saiu a semear. E, ao semear, uma parte caiu à beira do caminho, e, vindo as aves, a comeram. Outra parte caiu em solo rochoso, onde a terra era pouca, e logo nasceu, visto não ser profunda a terra. Saindo, porém, o sol, a queimou; e, porque não tinha raiz, secou-se. Outra caiu entre os espinhos, e os espinhos cresceram e a sufocaram. Outra, enfim, caiu em boa terra e deu fruto: a cem, a sessenta e a trinta por um. Quem tem ouvidos {para ouvir}, ouça (Mt 13.9).

É importante notarmos o contexto desta famosa parábola. Antes de ela ser proferida, alguém havia dito: "Tua mãe e teus irmãos estão lá fora e querem falar-te" (Mt 12.47). Mas Jesus respondeu: "Quem é minha mãe e quem são meus irmãos?" (v. 48). Depois, estendendo a mão para os seus discípulos, ele disse: "Eis minha mãe e meus irmãos. Porque qualquer que fizer a vontade de meu Pai celeste, esse é meu irmão, irmã e mãe" (vv. 49-50). Jesus disse que seu verdadeiro irmão é aquele que faz a vontade do Pai, e não aquele que apenas faz uma decisão de segui-lo.

Devemos sempre ter em mente o fato de que ninguém forçou Judas a se tornar um discípulo. Judas escolheu seguir a Jesus; fez sua própria decisão de entrar na escola de Jesus e permaneceu com o Senhor durante seu ministério terreno, por três anos. Contudo, a Bíblia nos diz que Judas era um diabo (Jo 6:70). A realidade não é que Judas era genuinamente convertido, depois caiu da graça e se perdeu. Pelo contrário, embora tenha estado próximo de Jesus, ele nunca foi um homem convertido. Isso deve nos fazer parar e considerar o estado de nossa própria alma.

Pouco depois no livro de Mateus, Jesus deu uma explicação de sua parábola do semeador. É uma das raras vezes, nos relatos dos evangelhos, em que temos uma explicação de uma parábola. A explicação é bastante útil, porque esta parábola difere do ensino normal dado na forma de parábolas. A maioria das parábolas tem apenas um ponto. É geralmente perigoso tornar as parábolas em alegorias, que tendem a conter significados simbólicos pulverizados na história. Mas a parábola do semeador se aproxima do nível de alegoria quando Jesus faz vários pontos de aplicação.

Jesus começa sua explicação por dizer: "Atendei vós, pois, à parábola do semeador. A todos os que ouvem a palavra do reino e não a compreendem, vem o maligno e arrebata o que lhes foi semeado no coração. Este é o que foi semeado à beira do caminho" (Mt 13:18-19). O primeiro grupo sobre o qual ele fala é representado pela semente que caiu à beira do caminho. Na antiguidade, no tempo de plantar, primeiramente um lavrador semeava a sua semente, depois ele arava o solo. Mas qualquer semente que caísse na estrada ou no caminho não era revirada na terra. Permanecendo no caminho duro, não podia criar raízes e era devorada pelos pássaros. Jesus compara Satanás com os pássaros. Muitas pessoas são como esta semente. Ouvem a pregação do evangelho, mas ele não lhes causa nenhum impacto. Não cria raízes na vida delas.

Jesus continua: "O que foi semeado em solo rochoso, esse é o que ouve a palavra e a recebe logo, com alegria; mas não tem raiz em si mesmo, sendo, antes, de pouca duração; em lhe chegando a angústia ou a perseguição por causa da palavra, logo se escandaliza" (vv. 20-21).

Se você for a um culto de evangelização ou assistir a um desses cultos na televisão, talvez veja inúmeras pessoas indo à frente da igreja em resposta à chamada do evangelho. De fato, eu assisti a uma reportagem sobre uma grande campanha evangelística internacional em que, supostamente, milhões de pessoas fizeram decisões por Cristo. Quando ouvi aquilo, perguntei-me quantas daquelas decisões por Cristo eram verdadeiras conversões e quantas delas eram espúrias. Pessoas gostam do que ouvem nesses acontecimentos e podem ser induzidas emocionalmente a fazer uma decisão de seguir a Cristo. Todavia, um fato estabelecido é a realidade de que muitos daqueles que vêm à frente em cultos de evangelização logo abandonam todo o seu compromisso. A sua resposta impulsiva é, frequentemente, infundada.

Não quero ser muito rude em minha reação aos relatórios sobre o sucesso dos eventos evangelísticos. Reconheço que todo ministério de evangelização enfrenta o problema de avaliar sua eficácia. As igrejas fazem isso, geralmente, por relatarem os números aos membros de sua congregação e informarem o quanto cresceram durante um período de tempo. Ministérios de evangelização fazem essa avaliação por meio de um relatório do número de pessoas que vieram à frente, levantaram a mão, assinaram um cartão de compromisso ou fizeram uma oração.

Entretanto, como alguém avalia uma realidade espiritual? Todo aquele que tem se envolvido em evangelização sabe que não podemos ver o coração. Por isso, a melhor coisa que podemos fazer é contar os números de decisões que as pessoas fazem. Contudo, Jesus nos adverte sobre isso nesta parábola do semeador, quando ele diz que *muitas* pessoas ouvem com alegria o evangelho – mas não continuam na fé. O segundo tipo de semente cai no solo rochoso – um solo tão raso que a semente não pode lançar raízes, e logo o sol aparece, e as plantinhas começam a murchar.

O resultado é que elas morrem e nunca produzem fruto. Jesus nos diz que essas pessoas retrocedem por causa de tribulações e perseguições que surgem inevitavelmente no caminho de fé.

Explicando o terceiro tipo de semente, Jesus diz: "O que foi semeado entre os espinhos é o que ouve a palavra, porém os cuidados do mundo e a fascinação das riquezas sufocam a palavra, e fica infrutífera" (Mt 13.22). Esta semente representa uma categoria de pessoas que também ouvem e recebem a Palavra, mas que são dominadas pelos cuidados deste mundo. Como espinhos, os cuidados do mundo "sufocam a palavra".

Por último, Jesus diz: "O que foi semeado em boa terra é o que ouve a palavra e a compreende; este frutifica" (Mt 13.23a).

É evidente que há muitos que respondem à mensagem do evangelho com alegria, mas, por fim, não permanecem na fé. Nem todo que ouve a Palavra de Deus é salvo, e isso também é verdadeiro a respeito de muitos que respondem inicialmente ao evangelho. Aqueles que são verdadeiramente salvos são aqueles que demonstram serem praticantes da Palavra. Quando a semente produz raízes e cresce, há frutos.

A NECESSIDADE DE FRUTO

Ao pensar sobre o assunto de frutos, temos de lembrar que não somos salvos por nossas obras. Pelo contrário, somos justificados somente pela fé. Mas também lembramos que os grandes reformadores do século XVI, como Martinho Lutero, disseram que somos justificados somente pela fé, mas não por uma fé que existe sozinha.

Este ponto de vista está em discordância com o esquema da Igreja Católica Romana, o qual sustenta que uma pessoa tem de ter fé para ser justificada, mas também precisa ter obras. Assim, o ponto de vista católico é que a fé acompanhada de obras equivale à justificação. Mas, no ponto de vista protestante, a fé equivale à justificação acompanhada de obras.

PONTO DE VISTA CATÓLICO: Fé + Obras = Justificação

PONTO DE VISTA PROTESTANTE: Fé = Justificação + Obras

No conceito protestante, as obras são uma consequência, uma manifestação do estado de graça em que estamos; portanto, elas não acrescentam nada à justificação. As únicas obras de justiça que servem para justificar um pecador são as obras de Cristo. Então, quando dizemos que somos justificados somente pela fé, estamos dizendo que somos justificados somente por Cristo, por suas obras; nossas obras não são levadas em conta para a nossa justificação.

Alguns dirão: "Acho que isso significa que eu não tenho de produzir frutos. Não tenho de demonstrar qualquer manifestação de justiça porque sou salvo pela fé". Mas lembre que a fé justificadora, como Tiago diz em sua epístola (Tg 2.26) e como Lutero argumentou, não é uma fé morta: ela é uma *fides viva*, uma fé viva, uma fé vital. A fé verdadeira que nos une a Cristo sempre se manifesta em obras, e, se não há obras no lado direito da equação, isso nos diz que não há fé no lado esquerdo da equação. Infelizmente, se não há fé no lado esquerdo da equação, não há justificação no lado direito da equação.

Portanto, a fé nos une a Cristo, e, se a nossa fé é autêntica, não diremos no último dia: "Senhor, Senhor", apenas para ouvi-lo chamar-nos pessoas de iniquidade. Não, teremos frutos que demonstram que nossa fé é genuína.

A quantidade de fruto que os cristãos produzem varia. Jesus diz que a boa semente pode produzir "a cem, a sessenta e a trinta por um" (Mt 13.23b). Alguns cristãos verdadeiros são menos frutíferos do que outros, mas todo crente verdadeiro produz algum fruto. Se ele não produz, não é um crente. Foi por isso que Jesus disse: "Pelos seus frutos os conhecereis" (Mt 7.16a) – e não pelo que professam.

A Luta por Segurança

Quando alguém está imergido numa subcultura cristã que coloca grande ênfase em fazer decisões, responder à chamada para vir à frente e fazer a oração do pecador, ele pode facilmente ignorar este fato importante – fazer uma decisão de seguir a Jesus nunca converteu alguém. Isto é verdadeiro porque não é uma decisão que converte uma pessoa; é o poder do Espírito Santo que a converte. Entramos no reino não porque fazemos uma decisão, vamos à frente, levantamos a mão ou assinamos um cartão de compromisso. Entramos no reino porque há fé verdadeira em nosso coração.

Não me compreendam mal – não há nada impróprio em profissões públicas de fé. Elas devem ser feitas. Todo aquele que é justificado é chamado a professar sua fé. Todo cristão verdadeiro é chamado a confessar a Cristo diante dos outros. O problema surge quando tornamos a profissão pública de fé no teste decisivo de nossa conversão. Afinal de contas, Jesus falou de pessoas que o honram com seus lábios, enquanto seu coração está longe dele (Mt 15.8). Ninguém jamais foi justificado por uma profissão de fé.

Isto significa que a maneira mais fácil de resolvermos o problema da segurança de salvação é examinarmos os frutos de nossa vida, para determinar se eles refletem coerência com a profissão de fé? Há um lugar definido para o autoexame na vida cristã, e falaremos mais sobre isso no capítulo 4. Contudo, nenhum de nós vive à altura da plena medida do que afirmamos crer. Se focalizamos nossa atenção apenas em desempenho, a segurança autêntica se torna muito desconfiável.

Portanto, é possível ter falsa segurança, e a verdadeira segurança de salvação pode ser difícil de se obter. Então, como podemos saber com certeza que nossa profissão de fé é motivada pela posse da verdadeira graça salvadora? Esta pergunta é extremamente importante, porque toca em nossa maneira de viver como cristãos e tem um impacto tremendo em nossos sentimentos, em nosso conforto, em nosso comportamento como cristãos. É imperativo que resolvamos a questão de se estamos num estado de graça. O restante deste livro considerará o assunto de como fazemos isso.

Capítulo Dois

Quatro Tipos
de Pessoas

Compartilhei o evangelho com um homem em Cincinnati e comecei por fazer-lhe a primeira das duas perguntas investigadoras do Evangelismo Explosivo: "Em sua vida espiritual, você já chegou a um ponto em que tem certeza de que, se morresse hoje à noite, iria para o céu?" O homem não vacilou. Olhou-me diretamente nos olhos e disse: "Oh, não! Tenho certeza de que não sou salvo. Tenho certeza de que vou para o inferno". Fiquei perplexo com a resposta porque nunca tinha me deparado com uma pessoa que estivesse tão certa de que o inferno era seu destino.

Este homem estava levando uma vida de impiedade, sabia que vivia assim e sabia as consequências de levar uma vida ímpia, mas não se importava com isso.

No que diz respeito à segurança de salvação, há quatro tipos de pessoas no mundo. Toda pessoa que vive neste mundo pode, sem exceção, ser incluída numa destas categorias. As categorias são: 1) aqueles que são salvos e sabem disso; 2) aqueles que são salvos, mas não o sabem; 3) aqueles que (como o homem mencionado antes) não são salvos e sabem disso; 4) aqueles que não são salvos e não o sabem. Consideremos mais atentamente estas categorias.

PESSOAS QUE SÃO SALVAS E SABEM DISSO

A primeira categoria são as pessoas que são salvas e sabem disso. Essas pessoas têm plena segurança de que se acham num estado de graça. Isto é uma questão resolvida para elas.

Talvez você já se envolveu em discussões em que fez uma pergunta a alguém, ele fez uma afirmação em resposta, e você replicou: "Tem certeza?" Ele disse: "Sim, tenho certeza". A sua próxima pergunta foi: "Você tem certeza de que tem certeza?" Quando falamos sobre certeza de certeza, estamos falando não apenas de categorias filosóficas.

Em vez disso, estamos descrevendo, em certo sentido, nosso estado emocional com respeito a várias perguntas ou afirmações.

Certeza quanto a afirmações da verdade operam num *continuum* amplo. Por exemplo, alguém poderia dizer-lhe: "Você crê que Deus existe?" Há um leque de respostas que você poderia dar a esta pergunta. Poderia dizer: "Não, eu não"; "Eu não penso assim"; "Eu não sei, mas espero que sim"; "Talvez"; "Sim, eu creio em Deus". Cada uma destas respostas descreve um diferente nível de intensidade de confiança que satisfaz a uma proposição ou a uma asseveração.

Então, quando falamos de segurança de salvação, não estamos falando sobre certeza matemática, como uma crença na ideia de que dois mais dois são quatro. Estamos falando sobre segurança de um estado pessoal, e a intensidade dessa segurança vacila de um dia para outro. Há dias em que alguém poderia me perguntar: "Sproul, você tem certeza de que é salvo?", e eu diria: *totalmente*. No dia seguinte, se eu estivesse sob o peso de uma culpa, poderia dizer: *você sabe, acho que sim*. Há altos e baixos na vida cristã.

No entanto, a verdadeira segurança sobrevive às dúvidas, pois, como já vimos, ela está baseada em mais do que sentimentos. A pessoa desta categoria tem um fundamento sobre o qual ela pode dizer: "Sei em quem tenho crido e estou certo de que ele é poderoso para guardar o meu depósito até aquele Dia" (2 Tm 1:12).

PESSOAS QUE SÃO SALVAS, MAS NÃO O SABEM

A segunda categoria é composta daqueles que são salvos, mas não o sabem. É possível uma pessoa estar num estado de graça e, apesar disso, não possuir plena segurança de que está nesse estado. Já mencionei o fato de que alguns (como os católicos romanos) desafiam a validade do primeiro grupo (aqueles que são salvos e sabem disso), por afirmarem que a segurança de salvação é geralmente inatingível. De modo semelhante, outros afirmam que é impossível realmente estar em um estado de graça e não saber disso. Eles argumentam que o próprio conteúdo da fé salvadora é uma confiança num Salvador que você crê que o salvará. Portanto, se uma pessoa acha que tem fé, mas não tem confiança de que Jesus Cristo a está salvando, será que ela tem realmente fé?

Parte do problema está relacionado com uma opinião popular do cristianismo que insiste numa conversão dramática. Algumas pessoas chegam realmente a Cristo dessa maneira. Billy Graham, por exemplo, pode dizer o dia e a hora em que se tornou um cristão. Ele menciona um dia específico do passado em que foi a um culto de evangelização, depois de jogar uma partida de beisebol. Um evangelista itinerante chamado Mordecai Ham estava pregando; Graham continuou indo e teve uma conversão repentina que mudou toda a sua vida. Experimentei esse mesmo tipo de conversão. Sei com exatidão o tempo em que conheci a Cristo. Posso dizer-lhe o dia, a hora, o lugar e como ela aconteceu. Todavia, outras pessoas não podem identificar nem mesmo o ano em que se tornaram cristãos. Por exemplo, Ruth Graham, a esposa de Billy, não sabia quando foi convertida.

Na igreja, temos uma tendência de tornar nossas experiências normativas para todos. Pessoas que tiveram conversões repentinas, dramáticas, como a de Paulo na estrada para Damasco, das quais podem ser indicados o dia e a hora, suspeitam às vezes de pessoas que não tiveram esse tipo de experiência. Elas questionam se uma pessoa que não pode indicar o dia e a hora específicos pode ser realmente um cristão. Ao mesmo tempo, aqueles que não sabem o dia e a hora suspeitam, às vezes, daqueles que afirmam que sabem exatamente quando creram pela primeira vez. Mas a verdade é esta: em nenhuma de suas passagens, a Escritura diz que temos de saber o tempo exato de nossa conversão.

É neste ponto que as coisas se complicam e se tornam problemáticas. Ninguém é meio regenerado ou semirregenerado: ou você é nascido do Espírito, ou não é. A regeneração, que é a obra de Deus pela qual somos transportados do reino das trevas para o reino da luz, é uma obra real de conversão e acontece instantaneamente pela obra do Espírito Santo. Portanto, ou uma pessoa está nesta condição, ou não. Não há um processo de regeneração, ela é instantânea.

Sendo assim, isto não desperta suspeitas sobre as pessoas que não podem afirmar o dia e a hora de sua conversão? Não. Precisamos distinguir entre uma *conversão* e uma *experiência de conversão*. Além disso, precisamos reconhecer que nem todos são instantaneamente cônscios do momento em que o Espírito Santo faz sua obra sobrenatural na alma da pessoa. Essa é a razão por que é muito perigoso criar categorias pelas quais avaliamos as pessoas cujas experiências não se equiparam com a nossa.

De fato, quanto mais eu falo sobre minha experiência de conversão – sobre a qual, como disse, posso indicar o dia e a hora – compreendo que essa experiência pode realmente não corresponder à obra de Deus na alma de outra pessoa, uma semana, um mês ou mesmo cinco anos antes de ela experimentar a realidade do que já aconteceu interiormente. Por conseguinte, a minha confiança em relação a uma data e um tempo específicos de conversão se aplica somente à minha experiência de conversão, e não à realidade dela, porque podemos nos enganar em termos de nossa experiência.

Na verdade, uma das coisas mais perigosas que podemos fazer como cristãos é determinar nossa teologia por nossa experiência, porque a experiência de ninguém é normativa para a vida cristã. Temos de determinar nossa teologia a partir da Palavra de Deus, e não do que sentimos. Não somente isso, somos propensos a entender mal e a interpretar mal o significado e a importância das experiências por que passamos. É por essa razão que somos chamados a examinar nossas experiências à luz das Escrituras, para definirmos a nossa fé pelo que as Escrituras dizem, e não pelo que sentimos em nossa experiência. Se a nossa segurança de salvação descansa numa experiência e não na Palavra de Deus, estamos convidando todo tipo de dúvidas a nos atacar em nossa peregrinação. Precisamos buscar o autêntico conhecimento de nossa salvação, e não experiências entusiastas e vagas.

É esta categoria de pessoas que Pedro tem em vista quando exorta os crentes a serem cada vez mais diligentes em confirmar sua vocação e eleição (2 Pe 1.3-11). Seria tolice dar essa admoestação a pessoas que já estão seguras de sua salvação. Portanto, o ensino de Pedro significa que pessoas podem estar em um estado de salvação sem terem realmente a segurança de salvação.

PESSOAS QUE NÃO SÃO SALVAS E SABEM DISSO

O homem que evangelizei em Cincinnati exemplifica esta categoria de pessoa – aqueles que não são salvos e sabem disso. Talvez nos pareça estranho que haja esse tipo de pessoa, especialmente porque muitos hoje supõem que todos vão para o céu quando morrem. Contudo, o apóstolo Paulo fala desta categoria de pessoa no final de Romanos 1. Depois de apresentar uma lista de todos os vários pecados e erros que a humanidade caída pratica, Paulo chega à conclusão de que pessoas caídas não somente fazem estas coisas, mas também incentivam os outros a fazerem-nas – apesar de saberem que aqueles que fazem tais coisas merecerem a morte (v. 32).

Paulo nos diz em Romanos 1 que pessoas não precisam estar expostas à pregação bíblica para serem cientes de sua condição de perdidos. Por meio da revelação natural de Deus, visto que ele escreve sua lei no coração das pessoas e implanta sua Palavra na mente humana por meio da consciência, as pessoas sabem que são culpáveis por seu comportamento e que estão sem comunhão com seu Criador.

No nível superficial, as pessoas negam que estão em perigo de sofrer a ira de Deus; negam até a existência de Deus. Mas a Bíblia diz: "Fogem os perversos, sem que ninguém os persiga" (Pv 28.1). Por isso, embaixo do nível de superficialidade e por trás da fachada natural da humanidade caída, há uma conscientização de um problema sério diante de Deus. Essa é a razão por que temos o fenômeno de "conversões de última hora", quando pessoas, nos últimos dias de sua vida, tornam-se sóbrias repentinamente, chamam um sacerdote ou um ministro religioso e tentam ganhar um seguro de vida eterna.

Talvez você já ouviu a história de W. C. Fields, que, estando em seu leito de morte, causou admiração àqueles que o conheciam por estar examinando páginas da Bíblia. Um amigo lhe perguntou: "Fields, o que você está fazendo?" Ele respondeu: "Procurando escapes". Embora sua resposta tenha sido dada com seu humor característico, é claro que Fields tinha consciência de que estava numa situação muito precária, pois estava prestes a se encontrar com seu Criador.

É muito difícil acreditar nisto, mas há pessoas que não são salvas e sabem disso. Elas sabem que não estão em um estado de graça, que estão fora da comunhão com Deus e alienadas dele. Podemos dizer que elas têm uma forma negativa de segurança.

PESSOAS QUE NÃO SÃO SALVAS E NÃO O SABEM

Isto é o que já consideramos até aqui: há aqueles que são salvos e sabem disso; há aqueles que são salvos, mas não o sabem; e há aqueles que não são salvos e sabem disso. Estas categorias são fáceis de entender.

É a quarta categoria que complica todo o assunto de segurança de salvação: aqueles que não são salvos, mas "sabem" que são salvos. Esta categoria consiste de pessoas que não estão num estado de graça, mas *acham* que estão. Em resumo, elas têm uma falsa segurança.

Certa vez, o Ministério Ligonier realizou uma viagem turística aos lugares da Reforma, seguindo os passos de Martinho Lutero. Fomos a vários lugares do que havia sido a Europa Ocidental e a Alemanha Oriental, onde Lutero realizou seu ministério. Fomos a Effurt, Wittenberg, Worms, Nuremberg e outros lugares semelhantes. Um dia, visitamos um local e, depois, fomos liberados para almoçar por conta própria. Grupos de pessoas da viagem turística seguiram caminhos diferentes para chegar ao centro da cidade, e recebemos instruções sobre o lugar e a hora em que deveríamos nos encontrar de novo para a excursão. Bem, alguns de nós vagueamos pela cidade e almoçamos, mas, quando saímos do restaurante, não lembrávamos por que caminho tínhamos vindo. Perguntamos uns aos outros: "Como voltamos ao ônibus?" Nessa altura, uma mulher de nosso grupo disse: "Eu sei o caminho". Por isso, ela seguiu na frente e começamos a andar por aquela cidade, seguindo-a. Logo ficou evidente que não andávamos na direção certa, e comecei a ficar preocupado. Por isso, falei: *Mary, por favor, você tem certeza de que está indo no caminho certo?* Ela respondeu: "Sim, eu tenho um espírito positivo". Senti-me aliviado, mas, depois de mais alguns passos, ela se voltou e disse: "É claro que estou sempre segura, mas raramente estou certa".

Pessoas que exalam a confiança de que estão no caminho certo para o céu são mais ou menos como esta mulher. "Sabem" que são cristãs. Estão certas de sua salvação; isto não é algo com o que se preocupam. O único problema é que a segurança delas é uma falsa segurança.

Isso é o que cria a tensão e a ansiedade que tentamos abordar neste livro, especialmente quando comparamos o primeiro e o quarto grupo de pessoas. O primeiro grupo, você lembra, consiste de pessoas que são salvas e têm segurança de salvação, e o quarto grupo consiste de pessoas que não são salvas, mas, apesar disso, têm uma segurança de salvação. Enquanto consideramos como podemos ter a segurança genuína, precisamos pensar mais sobre as causas da falsa segurança.

Capítulo Três

A Falsa Segurança

Nossa busca por plena segurança de salvação é complicada, pelo fato de que há duas categorias diferentes de pessoas que estão seguras de que se acham num estado de salvação. O único problema é que uma delas está enganada. São as pessoas sobre as quais Jesus falou no Sermão do Monte, quando afirmou que, no último dia, alguns se chegarão a ele dizendo: "Senhor, Senhor". Falarão com Jesus plenamente seguros de que lhe pertencem, mas ele os rejeitará, expondo a segurança deles como uma falsificação.

Como é possível haver uma falsa segurança? Como as

pessoas chegam a um falso senso de segurança? Neste capítulo, quero tentar responder estas perguntas. Há vários problemas diferentes, mas eles se reduzem basicamente a dois. O primeiro problema, que focalizaremos neste capítulo, é um entendimento errado das exigências para a salvação. As pessoas podem compreender de modo errado o que a salvação exige. Veremos três dos principais erros: universalismo, legalismo e várias formas de sacerdotalismo. O segundo problema surge quando uma pessoa tem um entendimento correto do que a salvação exige, mas está enganada quanto a satisfazer estas exigências. Os dois últimos capítulos nos ajudarão a ver como podemos avaliar com exatidão se satisfazemos as exigências para a salvação.

UNIVERSALISMO

O primeiro dos principais erros que leva a um falso senso de segurança de salvação é o universalismo. O universalismo ensina que todos são salvos e vão para o céu. Se uma pessoa é convicta desta doutrina de salvação, um silogismo simples a levará da doutrina da salvação universal para a segurança quanto ao seu destino:

Premissa 1: Toda pessoa vai para o céu.
Premissa 2: Eu sou uma pessoa.

A Falsa Segurança

Conclusão: Portanto, eu irei para o céu.

A maior controvérsia na história da igreja aconteceu no século XVI entre a Igreja Católica Romana e os reformadores protestantes, sobre a questão de como a justificação acontece. A questão era se a justificação é somente pela fé ou por quaisquer outros meios. Mas, hoje, a justificação somente pela fé não é a opinião prevalecente em nossa cultura. Em vez disso, é a doutrina da justificação pela morte, e o universalismo leva consigo esta ideia.

Antes, eu fiz uma breve referência à primeira pergunta investigadora do Evangelismo Explosivo: "Em sua vida espiritual, você já chegou a um ponto em que tem certeza de que, se morresse hoje à noite, iria para o céu?" A segunda pergunta investigadora é esta: "Se você morresse hoje à noite e comparecesse diante de Deus, e ele lhe perguntasse: 'Por que deveria deixar você entrar no meu céu?', o que você responderia?"

Certa vez, quando meu filho era jovem, fiz-lhe estas duas perguntas. Fiquei muito contente com o fato de que ele respondeu imediatamente a primeira pergunta, dizendo: "Sim". Mas, quando lhe fiz a segunda pergunta, ele olhou para mim como se eu tivesse apresentado a pergunta mais tola que ele já tinha ouvido. Ele disse: "Bem, eu responderia: Porque eu estou morto". O que poderia ser mais simples? Meu filho estava sendo criado em um lar comprometido com a teologia bíblica, mas eu havia falhado em comunicar-lhe a justificação somente pela fé, e ele já havia sido capturado pela opinião prevalecente em nossa cultura, a opinião de que todos vão para o céu e de que tudo que você precisa fazer para chegar lá é morrer.

Temos eliminado o julgamento final de nossa teologia e excluído de nosso pensamento (e do pensamento da igreja) qualquer noção de punição divina ou de inferno, de tal maneira que agora é amplamente admitido que tudo que um pessoa tem de fazer para ir ao céu é morrer. De fato, morrer é o meio mais poderoso de santificação em nossa cultura, porque assim um pecador impregnado de pecado é transformado automaticamente entre o necrotério e o cemitério, de modo que, ao ser realizado o culto fúnebre, a pessoa é apresentada como um modelo de virtude. O seu pecado parece ter sido removido por sua morte. Isto é muito perigoso, porque as Escrituras nos advertem que está determinado a toda pessoa morrer uma só vez e depois enfrentar o julgamento (Hb 9.27).

As pessoas gostam de pensar que a ameaça do julgamento final foi inventada por evangelistas que falavam sobre punição no porvir, como Billy Sunday, Dwight L. Moody, Billy Graham, Jonathan Edwards e George Whitefield. Mas ninguém falou mais do que Jesus sobre o julgamento final e sobre uma divisão entre céu e inferno. Jesus falou mais sobre o inferno do que sobre o céu; ele advertiu seus ouvintes de que, no último dia, toda palavra frívola será julgada. Todavia, se há algo que os seres humanos não redimidos querem reprimir psicologicamente, isso é a ameaça de um julgamento final e extensivo, porque nenhum deles quer ser considerado responsável por seus pecados. Portanto, nada é mais atraente ao seres humanos do que o universalismo – a ideia de que todos serão salvos.

LEGALISMO

O segundo erro principal que leva à falsa segurança é o legalismo, que é outra maneira de referir-se a "obras de justiça". O legalismo ensina que, para chegar ao céu, você tem de obedecer à lei de Deus e viver uma vida boa. Em outras palavras, as suas boas obras o levarão ao céu. Muitas pessoas, entendendo erroneamente o que Deus requer, creem que têm satisfeito aos padrões que Deus estabeleceu para a entrada no céu.

Certa vez, servi como treinador no ministério Evangelismo Explosivo, levando as pessoas treinadas até à comunidade uma ou duas vezes por semana, conversando com pessoas e fazendo as perguntas investigadoras. Posteriormente, correlacionávamos as respostas que recebíamos. Dentre as respostas, 90% se encaixavam na categoria de obras de justiça. Quando perguntávamos às pessoas o que elas diriam a Deus, se ele lhes perguntasse por que deveria deixá-las entrar no céu, a maioria delas respondia: "Eu tenho vivido uma vida boa", "Dou o dízimo à igreja", "Trabalho com os Escoteiros" ou algo neste sentido. A confiança delas repousava em algum tipo de relatório de desempenho que tinham conseguido atingir. Infelizmente, as obras de uma pessoa são uma base falsa para a segurança de salvação. As Escrituras deixam muito claro que ninguém é justificado pelas obras da lei (Rm 3.20; Gl 3.11).

A pessoa que talvez mais incorporou este falso entendimento da salvação foi o jovem rico que se encontrou com Jesus durante o seu ministério terreno (Lc 18.18-30). Talvez você lembre que, ao procurar a Jesus, o jovem rico lhe dirigiu um elogio: "Bom Mestre, que farei para herdar a vida eterna?" Ele estava perguntando a Jesus o que era exigido para ter a salvação.

Antes de responder a pergunta sobre os requerimentos da salvação, Jesus lidou com o elogio. Ele perguntou: "Por que me chamas bom? Ninguém é bom, senão um, que é Deus" (v. 19). Alguns críticos afirmam, com base nesta resposta, que Jesus estava negando sua bondade e divindade. Não, Jesus sabia muito bem que este homem não tinha uma ideia correta a respeito de com quem falava. Não sabia quem era Jesus. Não sabia que estava fazendo uma pergunta ao Deus encarnado. Tudo que o jovem rico sabia era que a pessoa com quem ele falava era um rabi itinerante e queria uma resposta para uma pergunta teológica. Por isso, Jesus perguntou: "Por que você me chama bom? Você nunca leu Salmo 14.3: 'Todos se extraviaram e juntamente se corromperam; não há quem faça o bem, não há nem um sequer'? Ninguém é bom, senão o próprio Deus".

Isso parece absurdo? Afinal de contas, o tempo todo vemos pessoas que não são crentes fazerem o bem. Tudo depende do que queremos dizer com a palavra "bem". O padrão bíblico de bondade é a justiça de Deus, e somos julgados tanto por nossa conformidade de comportamento à lei de Deus, quanto por nossa motivação ou desejo íntimo de obedecer à lei de Deus.

Vejo pessoas ao meu redor que não são crentes, mas praticam o que João Calvino chamou de "virtude cívica", ou seja, elas fazem coisas boas na sociedade. Doam dinheiro para causas boas, ajudam os pobres e, às vezes, até se sacrificam em benefício dos outros. Elas fazem todo tipo de coisas admiráveis no nível horizontal (ou seja, para com as outras pessoas), porém não fazem nenhuma dessas coisas porque seu coração tem um amor puro e completo por Deus. Nisto pode estar envolvido o que Jonathan Edwards chamou de "autointeresse iluminado", mas ainda é autointeresse.

Uma vez ouvi a história de um incêndio trágico. Um edifício pegou fogo, e houve uma agitação para resgatar as pessoas que estavam em meio ao fogo. Os bombeiros entravam e saíam com tantas pessoas quantas eles podiam, mas logo ficou muito perigoso retornar ao edifício. Então, eles souberam que havia uma criança presa no edifício, e, dentre a multidão de espectadores, um homem, ignorando o perigo, correu para o edifício, enquanto todos na rua o aclamavam. Alguns minutos depois, ele retornou vivo e seguro, trazendo algo em seus braços. As pessoas continuaram a aclamá-lo, pensando que ele tinha resgatado a criança. Mas, por fim, descobriram que ele resgatara as economias de sua vida e deixara a criança morrer.

Creio que é possível um incrédulo entrar às pressas num edifício para salvar uma criança, talvez até ao custo de sua vida. Isto é virtude cívica, motivada pelo interesse pessoal que temos uns pelos outros. Mas essa virtude externa não é suficiente. Quando Deus olha para uma ação humana, ele pergunta: "Esta obra procede de um coração que me ama plenamente?" Lembre os mandamentos de Jesus: "Amarás o Senhor, teu Deus, de todo o teu coração, de toda a tua alma, de todas as tuas forças e de todo o teu entendimento; e: Amarás o teu próximo como a ti mesmo" (Lc 10.27). Portanto, se alguém obedece à lei exteriormente, enquanto seu coração não está totalmente entregue a Deus, a virtude desta pessoa está contaminada. Foi por isso que Agostinho disse que até as nossas melhores virtudes são apenas erros esplêndidos. Enquanto estivermos neste corpo de carne, o pecado contaminará tudo que fizermos. Isso era o que o jovem rico não entendia. Ele achava que havia atingido o padrão.

No Novo Testamento, Paulo adverte que aqueles que julgam a si mesmos com base em si mesmos são insensatos (2 Co 10.12). Podemos olhar para o desempenho de outra pessoa e pensar que, se nos guardarmos de adultério, assassinato, fraude ou algum tipo de pecado grave, estamos fazendo o bem. Visto que sempre achamos pessoas que são mais pecaminosas do que nós, é fácil concluirmos que estamos indo muito bem.

Essa era a mentalidade do jovem rico que foi ao encontro de Jesus. Ele pensava que Jesus era um homem bom. Mas Jesus o impediu de prosseguir naquele assunto e lhe recordou a lei: "Não adulterarás, não matarás, não furtarás, não dirás falso testemunho, honra a teu pai e a tua mãe" (v. 20). Isso fez com que o homem revelasse seu entendimento superficial da lei. Ele disse: "Tudo isso tenho observado desde a minha juventude" (v. 21). Em outras palavras, o jovem rico estava dizendo que havia guardado os Dez Mandamentos durante toda a sua vida.

Jesus poderia ter dito: "Bem, percebo que você não ouviu o Sermão do Monte, quando expliquei as implicações mais profundas destas leis. Você perdeu aquela palestra". Ou poderia apenas ter dito ao homem: "Você não guardou nenhum destes mandamentos desde que levantou da cama nesta manhã". Em vez disso, ele usou um lindo método pedagógico para ensinar ao homem o seu erro. Jesus disse: "Uma coisa ainda te falta: vende tudo o que tens, dá-o aos pobres e terás um tesouro nos céus; depois, vem e segue-me" (Lc 18.22).

Neste ponto, Jesus não estava ensinando um novo caminho de salvação. Não estava dizendo que podemos ser salvos por doar nossos bens aos pobres. Também não estava implementando uma ordem universal para que as pessoas se despojassem de todas as suas propriedade privadas. Jesus estava lidando de maneira particular com este homem, um homem rico cujo coração era totalmente capturado por sua riqueza. Seu dinheiro era seu deus, seu ídolo. Em essência, Jesus lhe disse: "Você diz que tem guardado todos os Dez Mandamentos. Certo, vamos examinar o primeiro mandamento: 'Não terás outros deuses diante de mim' (Êx 20.3). Vá e venda tudo que você tem". Depois disso, o homem que fora tão entusiasta momentos antes começou a balançar a cabeça. Ele se retirou muito triste, porque tinha muitas possessões (v. 23).

Todo aquele encontro dizia respeito à bondade. Temos bondade suficiente – justiça suficiente – para satisfazer as exigências de um Deus santo? Cada página do Novo Testamento testemunha a verdade de que toda a nossa justiça é como trapos de imundícia (Is 64.6). Não podemos fazer o suficiente para sermos salvos. Somos servos inúteis (Lc 17.10).

SACERDOTALISMO

O terceiro erro comum que produz falsa segurança é o sacerdotalismo. Este é o ponto de vista de que a salvação é realizada por meio do sacerdote, por meio dos sacramentos e/ou da igreja. Pessoas se referem ao batismo, à Ceia do Senhor ou a outros ritos e dizem: "Temos estas ordenanças, que são meios de graça. A minha segurança é fruto de eu ter experimentado as ordenanças".

Este é o erro que os fariseus cometeram nos dias bíblicos. Eles imaginavam que, por serem circuncidados, lhes era garantido um lugar no reino de Deus.

As ordenanças são muito importantes. Elas manifestam as promessas de Deus quanto à nossa salvação. Além disso, são meios de graça que nos ajudam em nossa vida cristã. Mas as ordenanças nunca salvaram ninguém, e todo aquele que põe sua confiança nas ordenanças tem uma falsa segurança de salvação, porque está confiando em algo que não salva, nem pode salvar.

Bem relacionada a isto, está a ideia – sustentada por muitos – de que tudo que uma pessoa tem de fazer para ser salva é unir-se a uma igreja. Eles supõem que, se o unirem-se a uma igreja os inclui no corpo visível de Cristo, devem também estar incluídos na igreja invisível. Por isso, eles põem sua confiança no serem membros de uma igreja. Mas o ser membro de uma igreja não justifica ninguém. Este é outro método falso e ilegítimo de segurança.

Por fim, no chamado mundo evangélico, temos algumas outras fontes de falsa segurança: fazer a oração do pecador, levantar a mão num evento de evangelização, ir à frente durante um convite após a mensagem ou fazer uma decisão por Jesus. Todas essas coisas são técnicas ou mé-

A Falsa Segurança

todos usados para chamar pessoas ao arrependimento e à fé. O perigo é que pessoas que fazem a oração do pecador, levantam a mão, vão à frente ou fazem uma decisão terminam, às vezes, confiando nestes atos específicos. Profissões de fé exteriores podem ser enganadoras. Uma pessoa pode realizar atos externos de uma *profissão* de fé, mas não estar na *posse* da realidade interior da salvação.

Como você pode observar, há muitas formas em que a falsa segurança pode aparecer. No capítulo seguinte, discutiremos como estas formas de segurança podem ser evitadas e vencidas, e começaremos a explorar métodos legítimos de obter a segurança que é bíblica e genuína.

Capítulo Quatro

Obtendo a Verdadeira Segurança

Quando eu estava no seminário, um de meus colegas fez uma pesquisa de opinião entre os alunos e o corpo docente, a respeito da sua segurança de salvação. Mais de 90% dos que responderam à pesquisa disseram que não estavam seguros. Além disso, eles pensavam que era arrogante alguém afirmar que tinha certeza da salvação. Eles viam a ideia da segurança de salvação não como uma virtude, e sim como um erro. Havia uma conotação negativa associada à própria busca da segurança de salvação, porque presumia-se que isso levaria a um estado de arrogância.

É claro que não existe arrogância pior do que ter a certeza de algo que, de fato, não possuímos. Afirmar que temos a certeza da salvação quando não estamos no estado de salvação é arrogante. De modo semelhante, somos arrogantes quando dizemos que a segurança de salvação não é possível, porque estamos zombando da fidelidade do próprio Deus. Se a segurança de salvação é possível, somos arrogantes se não a buscamos.

Quando consideramos as fontes da falsa segurança, vimos que um dos problemas mais cruciais é um entendimento incorreto das exigências da salvação. Em outras palavras, má teologia produz falsa segurança. Portanto, quando começamos a considerar como podemos obter um fundamento verdadeiro e correto para a nossa segurança de salvação, o primeiro lugar que temos de examinar é a teologia.

O MANDAMENTO DE BUSCAR A SEGURANÇA

Uma das principais passagens bíblicas sobre a busca da segurança de salvação é 2 Pedro 1:10-11, na qual lemos: "Por isso, irmãos, procurai, com diligência cada vez maior, confirmar a vossa vocação e eleição; porquanto, procedendo assim, não tropeçareis em tempo algum. Pois desta maneira é que vos será amplamente suprida a entrada no reino eterno de nosso Senhor e Salvador Jesus Cristo". Nestas palavras, a ordem apostólica é, sem ambiguidade, que averiguemos a certeza de nossa eleição, não de maneira arrogante e casual. Em vez disso, devemos confirmar nossa vocação e eleição por meio de atividade diligente. O apóstolo nos diz que isto é muito importante e, depois, nos dá razões práticas para sermos diligentes em confirmar nossa vocação e eleição.

Pedro estava muito interessado neste conceito da eleição. Sua primeira epístola se dirigiu àqueles que eram "eleitos... da Dispersão" (1 Pe 1:1). Ele escreveu aos eleitos e lhes ensinou o que significa ser eleito. Pedro explicou como a eleição deve ser manifestada em nossa jornada espiritual. Essa é a razão por que em sua segunda epístola, quando se dirigiu às mesmas pessoas, ele lhes recordou quão importante era que confirmassem sua eleição.

A menção de Pedro sobre a "eleição" é muito importante, porque é neste ponto que entramos na teologia. Muitas pessoas não creem na eleição, esquecendo que ela é um conceito bíblico. Outros perguntam: "Como você sabe se é eleito ou não?" Digo a pessoas que lutam com o conceito de eleição que não posso pensar em uma questão mais importante a ser resolvida na vida cristã do que se estou entre os eleitos. Se temos um entendimento correto da eleição e sabemos que estamos entre os eleitos, esse conhecimento provê um conforto extraordinário para nós, enquanto desenvolvemos nossa salvação com temor e tremor (Fp 2:12) e enfrentamos as várias provações com que nos deparamos em nossa vida cristã (2 Tm 3:12).

Em 2 Timóteo 1:12, Paulo escreveu: "Sei em quem tenho crido e estou certo de que ele é poderoso para guardar o meu depósito até aquele dia". Aqui Paulo falou sobre a sua confiança quanto ao futuro por causa de seu conhecimento da pessoa em quem colocara sua fé. Ele disse que confiava não em seu próprio poder para perseverar até ao fim da carreira. Em vez disso, sua confiança estava baseada naquele em quem ele havia crido, sabendo que ele era poderoso para guardá-lo. Esse é o tipo de certeza da eleição que Pedro nos diz que devemos buscar com diligência.

Se somos chamados a confirmar a nossa eleição, então, concluímos que somos *capazes* de fazer isso. É possível sabermos se estamos entre os eleitos. Por isso, não devemos adiar até ao fim de nossa vida a busca por segurança. Devemos buscá-la com diligência agora mesmo. Devemos estabelecer definitivamente o fato de que estamos entre os eleitos, fazemos parte do reino de Deus, já fomos adotados na família do Pai e estamos verdadeiramente em Cristo, e ele, em nós. Mas como fazemos isso? Obter um entendimento exato da doutrina da eleição é um dos passos cruciais.

O PONTO DE VISTA DA ELEIÇÃO POR PRESCIÊNCIA

Como disse antes, muitas pessoas de nossos dias são hostis à ideia da eleição divina, e essa hostilidade tem resultado em muitas opiniões sobre o que a eleição envolve. Por exemplo, algumas pessoas acham que nossa salvação é a base de nossa eleição. Nesta perspectiva, a salvação precede (em certo sentido) à eleição. Chamamos isso de ponto de vista da eleição por presciência (ou conhecimento antecipado).

Aqueles que sustentam esta ideia quanto à eleição creem que Deus elege para a salvação aqueles que exercerão a fé salvadora. Por meio de sua presciência, Deus olha através do corredor do tempo e vê aqueles que responderão positivamente à oferta do evangelho e aqueles que não responderão. Com base neste conhecimento antecipado do que as pessoas farão em resposta à mensagem do evangelho, Deus faz o decreto de eleição. Quando ele vê pessoas exercerem fé e se colocarem num estado de salvação, ele as elege com base nisso.

Não creio que esta opinião quanto à eleição seja bíblica ou que explique a eleição. De fato, penso que ela nega fundamentalmente o ensino bíblico sobre a eleição. Digo isto porque a perspectiva de conhecimento antecipado para a eleição toma algo que fazemos e o torna o fator decisivo na salvação, e não a graça e a misericórdia de Deus. Acho que pessoas que adotam este ponto de vista da eleição por presciência têm muitas lutas quanto à segurança de salvação, porque sua segurança está, em última análise, vinculada ao seu desempenho.

Conforme entendo as Escrituras, a eleição é para a salvação. Neste ponto de vista, se você é eleito, você será salvo. E, se você é salvo, este é o sinal mais claro de que você está entre os eleitos. Vou dizer isso em outras palavras: todo salvo é um eleito, e todo eleito não deixará de ser salvo. A salvação flui da eleição; por isso, se queremos ter certeza de nossa salvação, precisamos saber se estamos entre os eleitos.

No ensino do apóstolo Pedro, vemos por que é tão importante que sejamos diligentes em confirmar nossa vocação e eleição. Se temos certeza de que estamos entre os eleitos, podemos ficar seguros de nossa salvação, não apenas quanto ao presente, mas também quanto ao futuro. Isto é verdadeiro porque a eleição torna a salvação possível e assegura a salvação dos eleitos. Em outras palavras, o propósito de Deus na eleição é salvar os eleitos. Esse propósito não pode ser e não será frustrado.

Há uma passagem bíblica em que acho grande conforto, embora não seja frequentemente citada neste contexto. Está no evangelho de João, no meio da Oração Sumo Sacerdotal de Jesus em favor de seus discípulos e daqueles que creriam nele, nas gerações futuras. De fato, esta passagem tem servido de grande encorajamento para a igreja através dos séculos. Jesus disse:

> Manifestei o teu nome aos homens que me deste do mundo. Eram teus, tu mos confiaste, e eles têm guardado a tua palavra. Agora, eles reconhecem que todas as coisas que me tens dado provêm de ti; porque eu lhes tenho transmitido as palavras que me deste, e eles as receberam, e verdadeiramente conheceram que saí de ti, e creram que tu me enviaste.
>
> É por eles que eu rogo; não rogo pelo mundo, mas por aqueles que me deste, porque são teus; ora, todas as minhas coisas são tuas, e as tuas coisas são minhas; e, neles, eu sou glorificado. Já não estou no mundo, mas eles continuam no mundo, ao passo que eu vou para junto de ti. Pai santo, guarda-os em teu nome, que me deste, para que eles sejam um, assim como nós. Quando eu estava com eles, guardava-os no teu nome, que me deste, e protegi-os,

e nenhum deles se perdeu, exceto o filho da perdição, para
que se cumprisse a Escritura (Jo 17:6-12).

Nesta oração, Jesus disse que o Pai lhe dera certo grupo de pessoas. Estas pessoas são redimidas pelo Filho, porque todos os que o Pai dá ao Filho, vão ao Filho e são guardados por ele (Jo 6:37, 39-40). Quando Jesus falou sobre pessoas que lhe foram dadas pelo Pai, ele se referia aos eleitos. Os eleitos que o Pai deu ao Filho são preservados pelo Filho. Esta é a base de nossa verdadeira segurança de salvação, e não a nossa capacidade de perseverar.

Falamos em perseverança dos santos e cremos que os santos perseveram realmente. Todavia, eles perseveram porque são preservados pelo Pai. Por isso, é melhor falar em preservação dos santos do que em perseverança dos santos. Ouvimos isto na súplica de Jesus ao Pai para que guarde os que lhe foram dados.

A *Ordo Salutis*

Quando examinamos melhor a relação entre eleição e salvação, precisamos mencionar o que os teólogos chamam de *ordo salutis* ou "a ordem da salvação". A *ordo salutis* tem a ver com a ordem em que ocorrem os vários eventos que resultam em nossa redenção, especificamente a ordem lógica, e não a ordem temporal.

Eis o que pretendo dizer com esta distinção. Cremos que somos justificados somente pela fé. Mas quanto tempo depois de possuirmos a fé salvadora é que somos justificados? Cinco segundos, cinco minutos, cinco meses, cinco anos? Não, dizemos que a justificação e a fé são contíguas em referência a tempo. No mesmo momento em que temos a fé verdadeira, neste mesmo instante Deus nos recebe como pessoas justificadas. Mas ainda dizemos que a fé vem antes da justificação, embora elas ocorram ao mesmo tempo. No aspecto da lógica, a fé precede a justificação. Em outras palavras, visto que a nossa justificação depende de e descansa na fé, esta é um pré-requisito, a condição necessária, que tem de estar presente para que a justificação aconteça. Ela precede a justificação, não em tempo, mas em termos de necessidade lógica. Portanto, quando falamos sobre a ordem da salvação, não esqueça que temos em vista os pré-requisitos com base na necessidade lógica.

Em Romanos 8, temos um dos versículos mais famosos e mais amados de todo o Novo Testamento: "Sabemos que todas as coisas cooperam para o bem daqueles que amam a Deus, daqueles que são chamados segundo o seu propósito" (v. 28). Observe que esta promessa de que todas as coisas cooperam para o bem é para aqueles que amam a Deus, aqueles que são descritos como chamados segundo o seu propósito.

Essa é uma chamada especial. A Bíblia fala sobre a chamada do evangelho que é feita a todos – o que designamos de chamada exterior ou externa. Nem todo que ouve esta chamada é salvo. Também falamos sobre a chamada interior, a chamada de Deus na pessoa, no coração, que é uma obra de Deus, o Espírito Santo, e que é eficaz. Nesta chamada, o Espírito Santo abre o coração dos crentes, operando no íntimo para realizar o propósito de Deus. Era esta chamada que Paulo tinha em vista em Romanos 8.28. Todos os eleitos recebem esta chamada interior, como fica evidente nos versículos seguintes.

Vejamos a primeira metade do versículo 29: "Porquanto aos que de antemão conheceu, também os predestinou para serem conformes à imagem de seu Filho". Paulo estava falando sobre os propósitos de Deus concernentes à salvação e começou mencionando a presciência de Deus. Paulo nos diz: aqueles que Deus conheceu de antemão, ele os predestinou. Qual era o alvo da predestinação? Era que todos aqueles que Deus conheceu de antemão fossem conformados à imagem de Cristo.

No versículo 30, nos deparamos com o que chamamos

"a cadeia de ouro": "Aos que predestinou, a esses também chamou; e aos que chamou, a esses também justificou; e aos que justificou, a esses também glorificou". Esta é uma versão abreviada da ordem da salvação. Há outros aspectos na salvação, além dos mencionados neste versículo. Romanos 8.30 atinge o clímax, por assim dizer. Por exemplo, a santificação não está na lista. Em vez disso, a lista inclui (retornando ao versículo 29), primeiramente, presciência; em segundo, predestinação; em terceiro, chamada; em quarto, justificação; em quinto, glorificação.

Para o nosso entendimento da segurança de salvação, é muito importante que compreendamos o que acontece nesta ordem da salvação. Como já disse, Paulo estava se referindo à ordem lógica e começou com conhecimento antecipado. O ponto de vista de eleição por presciência, que mencionei antes, é popular porque as pessoas tomam estes versículos e dizem: "Ah! O primeiro passo é conhecer de antemão. Isso significa que eleição ou predestinação é baseada em algo que Deus sabe de antemão sobre as pessoas". Mas o texto não diz isso. De fato, quando Paulo expande o assunto em Romanos 9, ele exclui essa possibilidade. De acordo com o entendimento reformado quanto à eleição, as pessoas que são eleitas de acordo com os decretos de Deus não são números sem nomes. Para que Deus eleja alguém, ele precisa ter alguma ideia de quem está elegendo. Por isso, o conhecimento antecipado tem de preceder a predestinação, porque Deus está predestinando indivíduos específicos que ele ama e escolhe.

O próximo evento lógico é a predestinação. Paulo nos diz que, aqueles que Deus conheceu de antemão, ele também os predestinou. Nestes versículos, é claramente entendido que todos os que estão na categoria de conhecidos de antemão são predestinados. Na verdade, a presciência de Deus inclui, em geral, todas as pessoas, e não apenas os eleitos. Mas Paulo está falando sobre a presciência de Deus quanto aos seus eleitos. Como sabemos disso? Paulo declara que todos os que Deus conheceu de antemão, no sentido afirmado nestes versículos, são predestinados, e todos os que são predestinados são chamados, e todos os que são chamados são justificados. Esse é o ponto crucial. Se todos os que são chamados são justificados, Paulo não podia estar se referindo à chamada externa. Ele devia estar falando sobre a chamada interna, porque todos os que recebem esta chamada específica recebem a justificação, assim como todos os que são justificados são também glorificados.

Portanto, se quero saber se serei glorificado – ou seja, se, em análise final, eu serei salvo – preciso determinar se sou justificado. Se eu sou justificado, sei que serei glorificado. Em outras palavras, se sou justificado agora, não tenho com que me preocupar – aquele que começou um boa obra em mim há de completá-la (Fp 1.6).

A CHAMADA RELACIONA-SE COM A SEGURANÇA

Onde a chamada se encaixa em nossa segurança de salvação? Direi mais sobre isto no capítulo seguinte, mas agora permita-me dizer isto: se a chamada mencionada por Paulo em Romanos 8.29-30 tem referência à operação do Espírito Santo na alma – a operação que nos prepara para a fé e a justificação –, e se sabemos que recebemos esta chamada, sabemos que somos eleitos.

Entretanto, como sabemos que somos chamados? Paulo nos dá a resposta em Efésios 2:

> Ele vos deu vida, estando vós mortos nos vossos delitos e pecados, nos quais andastes outrora, segundo o curso deste mundo, segundo o príncipe da potestade do ar, do espírito que agora atua nos filhos da desobediência; entre os quais também todos nós andamos outrora, segundo as inclinações da nossa carne, fazendo a vontade da carne e dos pensamentos; e éramos, por natureza, filhos da ira, como também os demais. Mas Deus, sendo rico

em misericórdia, por causa do grande amor com que nos amou, e estando nós mortos em nossos delitos, nos deu vida juntamente com Cristo, – pela graça sois salvos, e, juntamente com ele, nos ressuscitou, e nos fez assentar nos lugares celestiais em Cristo Jesus; para mostrar, nos séculos vindouros, a suprema riqueza da sua graça, em bondade para conosco, em Cristo Jesus. Porque pela graça sois salvos, mediante a fé; e isto não vem de vós; é dom de Deus; não de obras, para que ninguém se glorie. Pois somos feitura dele, criados em Cristo Jesus para boas obras, as quais Deus de antemão preparou para que andássemos nelas (Ef 2:1-10).

Neste resumo, Paulo focaliza a obra do Espírito Santo pela qual somos vivificados, uma obra que entendemos teologicamente como nosso novo nascimento ou regeneração. Jesus disse a Nicodemos que o novo nascimento tem de acontecer antes que alguém possa ver o reino de Deus e entrar nele (Jo 3.3, 5). O novo nascimento está unido a esta chamada interna. Portanto, quando buscamos a segurança de salvação, podemos saber que estamos entre os eleitos, porque sem a eleição esta obra do Espírito Santo jamais poderia acontecer em nossa alma.

Portanto, é crucial que entendamos o que é a regeneração. No mundo cristão, há uma grande confusão sobre a natureza deste ato do Espírito. Pessoas que se chamam evangélicas creem coisas bem diferentes sobre o que acontece com uma pessoa quando o Espírito Santo a regenera, tirando-a da morte para a vida espiritual. Por essa razão, para que tenhamos plena segurança de nosso estado de graça e de nosso relacionamento com Deus, precisamos ter uma correta doutrina de regeneração. Por isso, no último capítulo quero considerar a obra de Deus, o Espírito Santo, em nossa vida como o fundamento mais importante para a genuína segurança de salvação.

Capítulo Cinco

A Fonte da Plena Segurança

Pesquisas de opinião realizadas por organizações como Gallup e Grupo Barna descobrem rotineiramente que dezenas de milhões de americanos afirmam ser "cristãos nascidos de novo". Infelizmente, muitas dessas pessoas têm um péssimo entendimento do que significa ser nascido de novo. Se perguntadas, elas dizem: "Bem, um cristão nascido de novo é alguém que fez uma decisão de natureza evangelística" ou: "Uma pessoa nascida de novo é alguém que fez a oração do pecador". No entanto, estas ações não são indicações verdadeiras de que uma pessoa nasceu de novo. Como já vimos, é possível alguém fazer uma profissão de fé sem ser regenerado.

Ser nascido de novo significa ser mudado pela operação sobrenatural de Deus, o Espírito Santo. Entender isto é crucial para a nossa certeza de salvação.

No capítulo anterior, olhamos Efésios 2, onde achamos um forte contraste entre nossa experiência antes e depois da regeneração operada pelo Espírito Santo. Antes da regeneração, andávamos segundo "o curso deste mundo, segundo o príncipe da potestade do ar, do espírito que agora atua nos filhos da desobediência... fazendo a vontade da carne e dos pensamentos" (Ef 2.2-3a). Isso descreve a vida da pessoa caída que não é nascida de novo. Mas, depois do novo nascimento, não somos mais "estrangeiros e peregrinos, mas concidadãos dos santos e... da família de Deus" (v. 19).

O que acontece na regeneração? Qual é a mudança realizada pela obra do Espírito em nossa alma?

Parte da contenda sobre a regeneração se focaliza nas diferenças em nosso entendimento do pecado original. Todos os cristãos professos creem que a humanidade experimenta algum tipo de queda e que há algo errado em nossa natureza constituinte. Todos cremos que somos criaturas corruptas. Todavia, há enormes diferenças com respeito ao grau dessa queda – em outras palavras, com respeito ao grau da corrupção moral que surge como resultado da queda.

Há cristãos que creem, sim, que o homem é caído, mas que em sua alma permanece o que eu chamo de "pequena ilha de justiça" que não é afetada pela queda. Com base nesta ilha de justiça, uma pessoa ainda tem o poder de cooperar com a oferta da graça de Deus antes de ser regenerada. No entanto, não posso achar essa ideia em nenhum texto da Escritura. Quando lemos o ensino da Escritura sobre o nosso estado natural, vemos descrições como "cativeiro da corrupção" (Rm 8.24), "mortos nos vossos delitos e pecados" (Ef 2.1) e "filhos da ira" (Ef 2.3). Historicamente, a igreja tem entendido que estas afirmações significam que a pessoa não regenerada tem uma inclinação moral, um propensão contra Deus. Por natureza, as Escrituras nos dizem, estamos em *inimizade* para com Deus, e a palavra "inimizade" é uma descrição de uma atitude hostil. Antes de sermos regenerados, não tínhamos inclinação para com as coisas de Deus. Não tínhamos afeição genuína por Cristo; não havia amor a Deus em nosso coração.

Então, como podemos saber que somos regenerados?

VOCÊ AMA A JESUS?

Em um nível prático, pessoas que lutam com sua segurança de salvação me procuram e perguntam: "Como posso ter certeza de que sou salvo?" Em resposta, eu lhes faço três perguntas.

Primeiramente, eu pergunto: *você ama perfeitamente a Jesus?* Toda pessoa a quem faço esta pergunta responde sinceramente: "Não, eu não". Essa é a razão por que elas não têm certeza do estado de sua alma; sabem que há deficiências em sua afeição por Cristo, porque sabem que, se amassem perfeitamente a Cristo, elas lhe obedeceriam de modo completo. Jesus disse: "Se me amais, guardareis os meus mandamentos" (Jo 14:15). Portanto, se desobedecemos prontamente a um dos seus mandamentos, isso é um sinal de que não o amamos perfeitamente.

Em segundo, quando uma pessoa reconhece que não ama perfeitamente a Jesus, eu pergunto: *você o ama tanto quanto deveria?* Geralmente, a pessoa olha para mim de modo estranho e diz: "Bem, é claro que não". Isso está certo; se a resposta da primeira pergunta foi "não", a resposta da segunda tem de ser "não", porque Deus espera que o amemos perfeitamente, mas não o fazemos. Nisso está a tensão que experimentamos quanto à nossa salvação.

Em terceiro, eu pergunto: *Bem, você ama a Jesus em alguma medida?* Antes que a pessoa responda, eu acrescento, frequentemente, que estou perguntando sobre seu amor pelo Cristo da Bíblia, o Cristo que encontramos nas páginas da Escritura Sagrada. Por que digo isso?

Muitos anos atrás, ensinei no *Young Life Institute*, em Colorado Springs. Naqueles dias, fiz muitos trabalhos com e para o *Young Life*. Quando eu treinava cooperadores em Colorado, dizia: quero adverti-los sobre um grave perigo deste ministério. Não conheço pessoalmente nenhum ministério dirigido aos adolescentes, no mundo, que seja mais eficaz do que o *Young Life* em aproximar-se deles, envolver-se nos seus problemas, servi-los onde estão e saber como levá-los a responder. Esta é a maior força desta organização – é também a sua maior fraqueza. Pelo fato de que o *Young Life*, como ministério, torna o cristianismo tão atraente aos adolescentes, é fácil eles serem convertidos ao *Young Life*, sem serem convertidos a Cristo.

Da mesma maneira, é possível alguém amar uma caricatura de Jesus e não o próprio Jesus. Então, quando pergunto a uma pessoa: *você ama a Jesus em alguma medida?* Não estou perguntando se ela ama o Cristo que é um herói para os adolescentes ou o Cristo que é um excelente mestre de moralidade. Estou perguntando se ela ama o Cristo que aparece na Escritura.

Ora, se alguém pode responder "Sim" a essa terceira

pergunta, aqui entra a teologia. Considere esta pergunta: é possível uma pessoa não regenerada ter qualquer afeição verdadeira por Cristo? Minha resposta é não; afeição por Cristo é resultado da obra do Espírito. E isso é o que está envolvido na regeneração. Isso é o que o Espírito faz em vivificar uma pessoa. Deus, o Espírito Santo, muda a disposição de nossa alma e a inclinação de nosso coração. Antes da regeneração, éramos insensíveis, hostis ou indiferentes (que é o pior tipo de hostilidade) às coisas de Deus; não tínhamos afeição sincera para com Deus, porque estávamos na carne, e a carne não ama as coisas de Deus. O amor a Deus foi criado pelo poder regenerador do Espírito Santo, que derramou o amor de Deus em nosso coração (Rm 5'5').

Portanto, se uma pessoa responde "Sim", quando lhe pergunto se ela tem alguma afeição por Cristo, embora não ame a Cristo tanto quanto deveria (ou seja, perfeitamente), isso me assegura que o Espírito fez a sua obra transformadora na alma dessa pessoa. Isto é assim porque não temos em nossa carne o poder de produzir qualquer afeição verdadeira por Cristo.

UMA FALSA OPINIÃO SOBRE A REGENERAÇÃO

Existem por aí opiniões sobre a regeneração que não lhe dão esse tipo de segurança de salvação. Uma das opiniões mais populares sobre a regeneração, no mundo evangélico contemporâneo, sustenta que na regeneração o Espírito Santo apenas entra em nossa vida, apenas habita em nós. Mas, mesmo depois da regeneração (de acordo com esta opinião), temos de responder ao Espírito, cooperar com ele e confiar-lhe a responsabilidade por nossa vida, porque é possível alguém ser regenerado, habitado pelo Espírito Santo e nunca produzir os frutos de obediência. Podemos nos tornar o que alguns chamam de "crente carnal".

Quando o Novo Testamento usa a palavra *carnal*, ela significa que começamos a ser puramente carnais. Quando estávamos na carne, o Espírito Santo mudou as disposições de nosso coração. Ele não aniquilou imediatamente a carne; a dimensão carnal ainda guerreia conosco. A carne milita contra o Espírito durante toda a vida cristã, e há ocasiões em que somos mais ou menos carnais (Gl 5:17). Não há disputas sobre isso. Entretanto, alguns usam a expressão "crente carnal" para descrever uma pessoa que permanece inalterado pela presença do Espírito Santo. Quando a expressão é usada desta maneira, ela não descreve um crente e sim uma pessoa não regenerada.

Portanto, rejeito essa opinião sobre a regeneração como uma ideia que não envolve, de maneira alguma, a regeneração, porque, embora o Espírito entre supostamente na vida da pessoa, isso não produz uma obra sobrenatural de graça que muda a inclinação e a disposição da alma. A pessoa permanece a mesma em sua alma, como era antes de o Espírito vir. É crucial entendermos que a regeneração é algo que o Espírito Santo faz e que muda real e verdadeiramente uma pessoa, muda a disposição de sua alma. Se uma pessoa é verdadeiramente regenerada e manifesta fé, é impossível que essa pessoa não produza alguma medida de obediência.

O "PENHOR" DO ESPÍRITO

Já vimos que a regeneração é a obra do Espírito Santo pela qual a inclinação da alma é mudada. Mas o Espírito Santo não somente nos muda por meio da regeneração, ele faz outras coisas que são importantes para a nossa segurança de salvação. Em 2 Coríntios 5:1-5, lemos:

> Sabemos que, se a nossa casa terrestre deste tabernáculo se desfizer, temos da parte de Deus um edifício, casa não feita por mãos, eterna, nos céus. E, por isso, neste tabernáculo, gememos, aspirando por sermos revestidos da nossa habitação celestial; se, todavia, formos encontrados vestidos e não nus. Pois, na verdade, os que estamos neste tabernáculo gememos angustiados, não por querermos ser

despidos, mas revestidos, para que o mortal seja absorvido pela vida. Ora, foi o próprio Deus quem nos preparou para isto, outorgando-nos o penhor do Espírito.

Outras versões da Bíblia traduzem a palavra *"penhor"* como *"garantia"*. A linguagem usada nesta passagem procede do mundo comercial dos gregos antigos. Hoje, a única ocasião em que ouvimos a palavra *garantia* é, talvez, na compra de imóveis. Se você está interessado em comprar uma casa e quer assinar um contrato inicial para que os vendedores tirem a casa do mercado, eles lhe pedirão que dê o que chamam de "garantia". Eles não querem negociar com pessoas que ficam namorando com a ideia de comprar uma casa; eles querem pessoas que tenham certeza do negócio – em outras palavras, pessoas que sejam sérias quanto à compra do imóvel. Em 2 Coríntios 5:5, a ideia é que o Espírito Santo, quando nos regenera, não somente muda a disposição de nosso coração e a inclinação de nossa alma, mas também se torna para nós a garantia ou o penhor do pagamento total e final.

Quando eu compro algo a longo prazo, tenho de fazer um pagamento de entrada. Ora, sabemos que há muitas pessoas que assinam contratos, fazem alguns pagamentos e, depois, voltam atrás. Às vezes, a casa de uma pessoa sofre execução de hipoteca ou seu carro é devolvido ao financiador, porque ela deixou de cumprir os termos de um contrato. Com o pagamento da entrada, a pessoa promete pagar toda a quantia, mas pessoas nem sempre cumprem o exigido. Todavia, quando Deus faz um pagamento de entrada por alguma coisa, esse pagamento é a sua palavra. É a sua promessa de que pagará verdadeiramente toda a quantia. Essa é a linguagem que Paulo usa ao dizer que, quando somos nascidos do Espírito, o Espírito não somente muda nosso coração e nossa vontade, mas também nos dá o penhor – a garantia – de que a plenitude de nossa salvação será realizada.

Pessoas menosprezam este fato quando dizem: "Bem, posso ser salvo hoje, mas amanhã posso perder a salvação". Isto ignora a verdade bíblica de que Deus termina o que ele começa. Quando ele dá a entrada, o restante será pago – garantido. Esta é a base firme para a nossa segurança de salvação.

O SELO DE DEUS, O REI

Vejamos outro exemplo, agora, de 2 Coríntios 1:

> Com esta confiança, resolvi ir, primeiro, encontrar-me convosco, para que tivésseis um segundo benefício; e,

por vosso intermédio, passar à Macedônia, e da Macedônia voltar a encontrar-me convosco, e ser encaminhado por vós para a Judéia. Ora, determinando isto, terei, porventura, agido com leviandade? Ou, ao deliberar, acaso delibero segundo a carne, de sorte que haja em mim, simultaneamente, o sim e o não? Antes, como Deus é fiel, a nossa palavra para convosco não é sim e não. Porque o Filho de Deus, Cristo Jesus, que foi, por nosso intermédio, anunciado entre vós, isto é, por mim, e Silvano, e Timóteo, não foi sim e não; mas sempre nele houve o sim. Porque quantas são as promessas de Deus, tantas têm nele o sim; porquanto também por ele é o amém para glória de Deus, por nosso intermédio (vv. 15-20).

O que Paulo está dizendo nesta passagem? Apenas que Deus não vacila em suas promessas. Ele não diz "Sim" e, depois, "Não". Todas as promessas de Deus, nos diz o apóstolo, são estabelecidas firmemente pelo caráter divino, que é marcado por fidelidade.

Depois, Paulo continua e diz: "Mas aquele que nos confirma convosco em Cristo e nos ungiu é Deus, que também nos selou e nos deu o penhor do Espírito em nosso coração" (2 Co 1.21-22). Aqui está ele de novo – o penhor do Espírito. Não somente temos o penhor ou a garantia do Espírito, mas também, nos diz Paulo – e ele repete esta ideia em Efésios – somos selados pelo Espírito Santo. A palavra grega que significa "selo" é *sphragis*.

Talvez você já tenha visto filmes que retratam a Idade Média e mostram vários costumes dos monarcas. Quando um rei enviava um decreto para ser divulgado nas vilas, um selo de cera era afixado na proclamação. O selo era o sinal do rei, que estava gravado em seu anel de sinete. Gravada nesse anel, havia certa forma ou figura que continha o sinal de sua assinatura. Por isso, se um documento, uma proclamação ou um edito continha o selo, em cera, do sinete do rei, isso era um testemunho irrefutável de sua autenticidade. Paulo nos diz, nesta passagem de 2 Coríntios, que o rei do universo coloca sua marca indelével na alma de cada pessoa que faz parte do seu povo. Deus não somente nos dá uma garantia inabalável, mas também nos sela para o dia da redenção.

O TESTEMUNHO INTERNO DO ESPÍRITO SANTO

Por fim, em Romanos 8, lemos estas palavras encorajadoras:

> Pois todos os que são guiados pelo Espírito de Deus são filhos de Deus. Porque não recebestes o espírito de escra-

vidão, para viverdes, outra vez, atemorizados, mas recebestes o espírito de adoção, baseados no qual clamamos: Aba, Pai. O próprio Espírito testifica com o nosso espírito que somos filhos de Deus. Ora, se somos filhos, somos também herdeiros, herdeiros de Deus e coerdeiros com Cristo; se com ele sofremos, também com ele seremos glorificados (Rm 8.14-17).

Quando examinamos a nossa vida e o nosso coração, o fruto do Espírito (Gl 5.22-24) e a medida de mudança em nossa vida, temos de ser honestos em nossa avaliação do que está acontecendo em nosso interior e por meio de nós. Mas, em última análise, o fundamento de nossa segurança de salvação vem do testemunho interno do Espírito Santo, porque ele testemunha ao nosso espírito (dentro de nós) que somos filhos de Deus.

Como sabemos que este testemunho ao nosso espírito procede do Espírito Santo e não de um espírito maligno? Como o Espírito Santo confirma em nosso coração que somos filhos de Deus? O Espírito dá testemunho ao nosso espírito por meio da Palavra de Deus. Quanto mais nos afastamos da Palavra, tanto menos segurança de salvação experimentaremos nesta vida. Quanto mais permanecemos na Palavra de Deus, tanto mais o Espírito, que inspirou a

Palavra e a ilumina para nós, usará a Palavra para confirmar em nossa alma o fato de que somos verdadeiramente de Deus e de que estamos realmente entre os filhos de Deus.

FIEL MINISTÉRIO

O Ministério Fiel visa apoiar a igreja de Deus, fornecendo conteúdo fiel às Escrituras através de conferências, cursos teológicos, literatura, ministério Adote um Pastor e conteúdo online gratuito.

Disponibilizamos em nosso site centenas de recursos, como vídeos de pregações e conferências, artigos, e-books, audiolivros, blog e muito mais. Lá também é possível assinar nosso informativo e se tornar parte da comunidade Fiel, recebendo acesso a esses e outros materiais, além de promoções exclusivas.

Visite nosso site
www.ministeriofiel.com.br

Quem é Jesus?

R.C. Sproul

Questões Cruciais
No. 4

Posso Crer na *Bíblia*?

R. C. Sproul

Questões Cruciais
No. 2

A Oração Muda as Coisas?

R.C. SPROUL

QUESTÕES CRUCIAIS Nº 3

Posso Conhecer a Vontade de Deus?

R.C. Sproul

QUESTÕES CRUCIAIS

Como *Devo Viver* neste Mundo?

R.C. SPROUL

QUESTÕES CRUCIAIS
Nº 5

O que significa ser *Nascido de Novo*?

R.C. Sproul

QUESTÕES CRUCIAIS Nº 6

Esta obra foi composta em Incognito Pro 12, e impressa
na Promove Artes Gráficas sobre o papel Pólen Soft 70g/m2,
para Editora Fiel, em Stembro de 2024